अनकही

मेरी कविताएँ

शिवानी रजत शर्मा

BlueRose ONE.com
Stories Matter

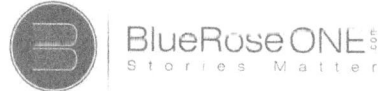

© **Shivani Rajat Sharma 2022**

All rights reserved

All rights reserved by author. No part of this publication may be reproduced, stored in a retrieval system or transmitted in any form or by any means, electronic, mechanical, photocopying, recording or otherwise, without the prior permission of the author.

Although every precaution has been taken to verify the accuracy of the information contained herein, the author and publisher assume no responsibility for any errors or omissions. No liability is assumed for damages that may result from the use of information contained within.

First Published in November 2022

ISBN: 978-93-5628-577-4

BLUEROSE PUBLISHERS
www.BlueRoseONE.com
info@bluerosepublishers.com
+91 8882 898 898

Illustrator:
Shubhangi & Harshita Gupta

Cover Design:
Muskan Sachdeva

Typographic Design:
Pooja Sharma

Distributed by: BlueRose, Amazon, Flipkart

कैलाश नाथ शर्मा

पापा आपकी याद में

पापा हो आप जहाँ कहीं

मैं जानती हूं मुस्करा रहे हो

बन कर मेरा हौंसला

मेरी कलम से जज़्बात लिखवा रहे हो

समर्पण

ज़िंदगी के अस्तित्व की गुत्थियाँ सुलझाने के हमारे इस सफ़र में न जाने कितने लम्हें और उन लम्हों में कितने लोग 'अनकहे' ही हमें अपना क़ीमती वक़्त दे जाते हैं। दरअसल यह समर्पण ही तो है।

मेरी इन कविताओं के पीछे भी कितने ही क़ीमती लम्हें और उनसे भी क़ीमती लोग हैं, जिन्होंने अपनी ज़िंदगी का कोई न कोई हिस्सा मुझे दिया। सो, अब बारी है मेरी कि मैं समर्पित करूँ 'अनकही' के हर पन्ने को।

अपनी कविताओं के शब्दों को समर्पित करती हूँ मैं अपने माता-पिता को, जिनकी वजह से आज मैं कलम और उसकी अहमियत को जान पाई हूँ। इन शब्दों की गहराई को समर्पित करती हूँ अपने अध्यापकों को, जिन्होंने मुझे इन्हें समझने की सूझ-बूझ दी।

मेरे पति मेरे सबसे क़रीबी दोस्त हैं। हर दिन, हर पल मेरी कविताओं में छुपे (अनकहे) भाव और अहसास उनसे बेहतर शायद मैं भी नहीं समझ सकती। शब्दों के अहसास को मैं समर्पित करती हूँ उन्हें। इन कविताओं की लय और मिठास मेरी बेटियों की मुस्कुराहट और रौनक़ से भरी हैं, इसलिए यह उन्हें समर्पित है। समय, साथ और स्वयं पर विश्वास मुझे मेरी सास ने दिया जिनके बिना 'अनकही' बस अनकही ही रह जाती। इस किताब की आत्मा उस परम गुरु परमात्मा को समर्पित है जो मुझे हर दिन जीने की राह दिखाते हैं।

अंत में इस किताब की 'कही' हर उस सुधी पाठक को समर्पित करती हूँ जो मेरी 'अनकही' को सार्थक करेंगे।

अनुक्रमाणिका

मुझे बनने में बड़ी देर लगी है....1

ज़िंदगी तू भी कभी मुझे जी के देख....5

ट्रेन का सफ़र....9

मैं खुद से मिलना चाहती हूँ....13

अकेली मैं ही तो नहीं....17

अब सही थी मैं....21

आज भी याद है मुझे....25

मैं ख़्वाब देखती हूँ....31

बड़ी शिद्दत से माँगा था तुम्हें....35

कोई पूछे जो मेरा नाम....39

मैं जानती हूँ....43

दूरियों की मोहब्बत....47

तुम जैसा कोई और भी....51

सुनो! कुछ बात करनी थी....55

तुम नहीं समझोगे....59

बचपन की यादें	65
दादाजी की चिट्ठी	69
दादाजी की यादों का संदूक	75
जहाज़ी	79
हाँ मुझे ज़िंदगी कहते हैं	83
वक़्त को भी वक़्त चाहिए	87
वक़्त का तक़ाज़ा	91
जाना क्षितिज के पार है	95
ख़ामोशी	99
एक कदम और	103
तेरे लिए	107
विनती	111
बांवरा मन	115
मुझे कवि न कहो	119
भारत	123

मुझे बनने में बड़ी देर लगी है

मुझे बनने में बड़ी देर लगी है
कई सालों की कड़ी धूप
हज़ारों रातें और सवेर लगी है
मुझे बनने में बड़ी देर लगी है

मैं तो उस पत्थर-सी पत्थर थी
जो गुमनामी की चट्टानों में
कितना ही नीचे दबा हुआ था
सावन बरसता, चलती आँधी
पर वो पत्थर हल्की
रोशनी से भी डरा हुआ था

कई बार मौसम के उलटफेर में
अचानक मची इस अंधेर में
उस पत्थर की तरह
मुझे भी थोड़ी तरेड़ लगी है
मुझे बनने में बड़ी देर लगी है

कुकरौंधे के नाज़ुक फूल के जैसे
हर मौसम से घबरा जाती थी
जब जज़्बातों के मेघ बरसते
कच्चे धागों सी खुद को उलझा जाती थी
एक-एक धागे को सुखा
उस कुकरौंधे की तरह
मुझे भी सूरज की तपती थपेड़ लगी है
मुझे बनने में बड़ी देर लगी है

कच्ची मिट्टी की तरह
कहीं भी उड़ती रहती थी मैं
मुझे बांध ना पाओगी
हर बार नदी से कहती थी मैं
हल के एक वार ने
किया अलग मुझे नदी से
भट्ठे की रोशन सुरंग में
गीले बालू सी झुलसी थी मैं
झुलस कर पकती ईंट के जैसे
मुझे भी तपश ढेर लगी है
मुझे बनने में बड़ी देर लगी है
मुझे बनने में बड़ी देर लगी है ।।

ज़िंदगी तू भी कभी मुझे जी के देख

ज़िंदगी तू भी कभी मुझे जी के देख
ना जाने कितनी बार बेबसी के जाम पिए हैं मैंने
ना चाहते हुए भी मुश्किल और ख़फ़ा से पल जिये हैं मैंने
तू भी कभी जाम आंसुओ के पी के देख
ज़िंदगी तू भी कभी मुझे जी के देख

हाँ बड़े शिकवे रहते हैं तुझसे हमेशा
पर फिर भी मोहब्बत खूब निभायी है मैंने
जब भी तू ख़फ़ा सी दिखती थी
हर बार पूरी नीयत से मनायी है मैंने
तू भी कभी मुझे थोड़ा मना के देख
ज़िंदगी तू भी कभी मुझे जी के देख

कभी तुझे बेवजह गुजरने नहीं दिया
कुछ ना कुछ कर के तुझे मुक्कमल बनाया
लापरवाही की तोहमत ले कर दुनिया से
तेरी परवाह कर तुझे अफ़ज़ल बनाया
तू भी कभी मुझे क़ाबिल बना के देख
ज़िंदगी तू भी कभी मुझे जी के देख

तू जानती है कि तू भी क्या चीज़ है
एक दिन क्या, एक पल भी तेरे बिना मुमकिन नहीं
तेरी दी हर शय मुझे खुद से भी अज़ीज़ है
ख़ुदा से तेरी लम्बी उम्र ना माँगू, ऐसा कोई दिन नहीं
अब तू भी मेरी सलामती माँग के देख
ज़िंदगी तू भी कभी मुझे जी के देख

तो अब जो तू जान चुकी है
अपनी क़ीमत पहचान चुकी है
थोड़ी मेरी तबियत भी जान के देख
मुझे भी अपना मान के देख
ज़िंदगी तू भी कभी मुझे जी के देख

थोड़ा तड़प ना मेरे लिए
मेरी हंसी पर क़ायल हो जा
मैं नाचूँ ख़ुशी से तेरे हर लम्हें में
मैं तेरा आँगन, तू मेरी पायल हो जा
कभी मेरी धुन पर अपने गीत सी के देख
ज़िंदगी तू भी कभी मुझे जी के देख

यक़ीन कर तेरी एक 'हाँ' का कब से इंतेज़ार है
तुझे हो ना हो मुझसे, मुझे तुझसे बेशुमार प्यार है
किसी से उम्मीद कर, न उम्मीदी से कहीं बेहत्तर
ज़िंदगी, तेरी उम्मीद में मेरी ज़िंदगी गुलज़ार है
इस गुलज़ारियत की ख़ातिर कुछ लम्हें ख़ुशी के देख
ज़िंदगी तू भी कभी मुझे जी के देख
ज़िंदगी तू भी कभी मुझे जी के देख ।।

INDIAN RAILWAYS
D1501

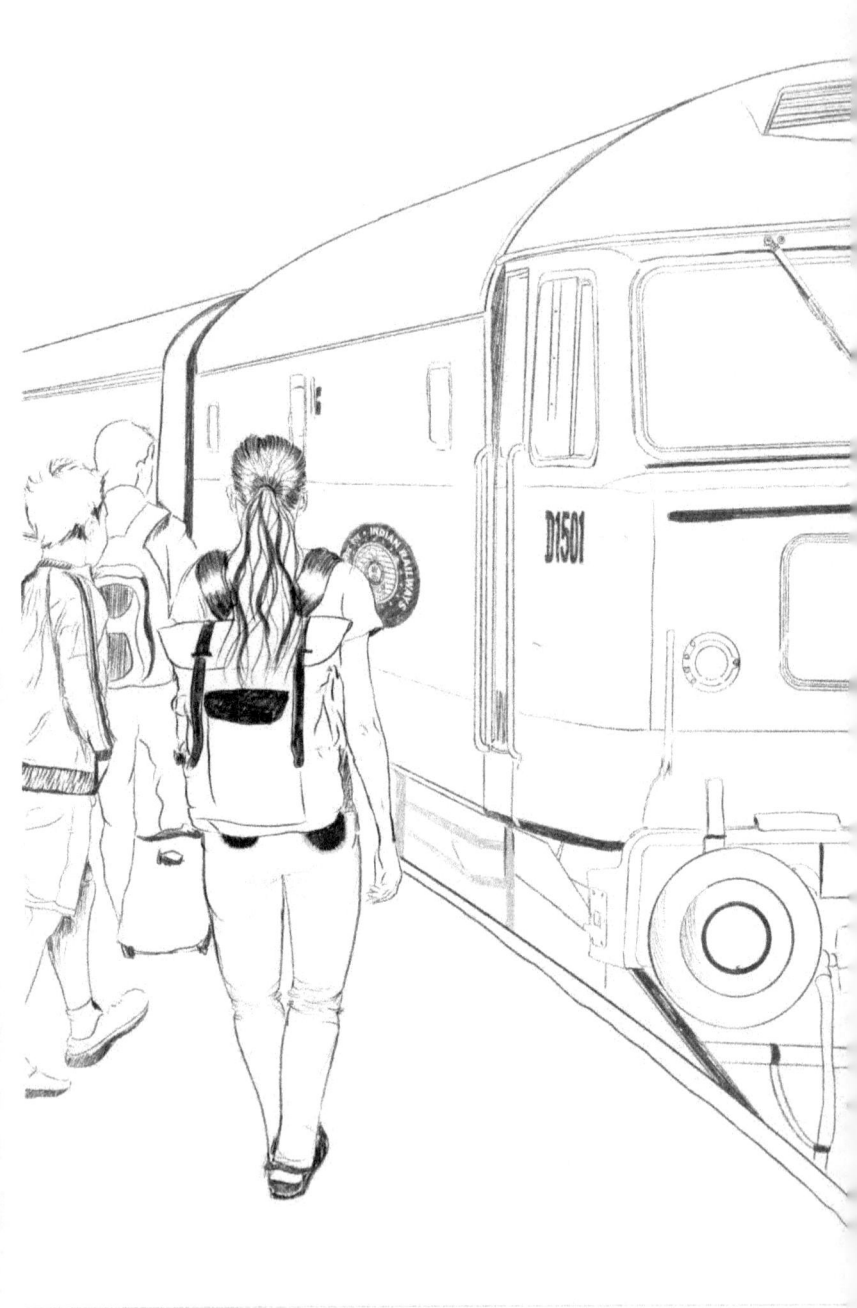

ट्रेन का सफ़र

लाल टी शर्ट और नीली जींस में
नए जूते भी पहने थे
थोड़ी सहमी पर थोड़ी आज़ाद सी
रोमांच के भी क्या कहने थे

कॉलेज का पहला दिन जो था
लोकल ट्रेन का इंतज़ार करती हुई
प्लैटफोर्म पर खड़ी थी मैं
तेज चलती भीड़ से डरती हुई

ऐसा नहीं कि अकेली थी मैं
मुझ जैसी एक और की सहेली थी मैं
पर स्कूल से बाहर की दुनिया का वो पहला कदम था
दुनिया मेरी और दुनिया के लिए पहेली थी मैं

ट्रेन प्लैटफोर्म पर पहुँची भी नहीं
और भीड़ में मैं कहीं खो गयी थी
पता ना लगा कैसे सीट तक पहुँची
इतनी मुश्किल में थोड़ी रो गयी थी

एक घंटे के उस सफ़र में
कितने ही सवाल मन को सता रहे थे
अभी तो शाम को वापिस भी जाना है
ऐसे ख़्याल अभी से डरा रहे थे

अजीब सी दुनिया है ट्रेन के अंदर
कोई नाश्त करता है तो याद करता है रब
लगता है किसी को फ़र्क़ नहीं पड़ता
आदत की दवाई जैसे पी चुके हैं सब

स्टेशन से कॉलेज तीस मिनट दूर था
डीटीसी की बस हमारा इंतज़ार थोड़े ही करती थी
ट्रेन से ट्रैक पर ही छलांग लगाकर
रोशनारा की गलियाँ दौड़नी पड़ती थीं

कॉलेज के तीन साल ऐसे ही बीत गए
ट्रेन के सफ़र और दुनिया के ग़दर में
पता नहीं कैसे पर हम ये जंग जीत गए
सीफ्त सीखी पैसे की क़दर में

उस उम्र में धक्कों का जो तजुर्बा हो चुका था
अब कोई भी मुश्किल आसान लगती थी
अपने सपनों की पतंग खूब उड़ायी मैंने
ख़्वाहिशों की चादर खुला आसमान लगती थी
आज बीस साल बाद कई बार ये सवाल आता है
वो ट्रेन अब भी प्लेटफोर्म पर आ रही होगी
ख़फ़ा सी भीड़ आज भी एक दूसरे को धक्का लगा रही होगी

वो ट्रेन आज भी किसी शिवानी को लेकर जा रही होगी
उसके सपनों की मंज़िल तक उसको पहुँचा रही होगी ।।

मैं खुद से मिलना चाहती हूँ

मैं खुद से मिलना चाहती हूँ
जानती हूँ
यह मुमकिन नहीं
पर जी चाहता है,
कोई जादुई छड़ी घुमाऊँ
किसी तरह
खुद से रूबरू हो पाऊँ

कभी अपने सामने बैठ
खुद को देखूँ
अपनी खामोशी में
अपने बारे में सोचूँ

कैसी दिखती हूँ मैं
क्या वजूद है मेरा
सही या ग़लत
इसी सवाल ने है घेरा

चाहती हूँ
कि मालूम करूँ
क्या कहते हैं लोग
मेरी ग़ैरमौजूदगी में
मेरा ज़िक्र
होता भी है या नहीं
क्या मेरा नाम तो नहीं गुमशुदगी में

एक दिन के लिए
मैं कोई और बन जाऊँ
अपने चारों तरफ़
अपनी नज़र घुमाऊँ
मुझे ढूँढना है
हर वो शख़्स
जो मुझे ढूँढता है
चाहती हूँ
मिलना उस वक़्त को
जो मुझे भूलता है

खुद को छू कर
खुद को सहलाना चाहती हूँ
अपनी ही गोद में सर रख
खुद को रुलाना चाहती हूँ
एक बार, बस एक बार
खुद को बहलाना चाहती हूँ

सूरज की किरण
या एक मुस्कुराहट बन
अपने ही चेहरे पर खिलना चाहती हूँ

मैं खुद से मिलना चाहती हूँ
मैं खुद से मिलना चाहती हूँ ।।

अकेली मैं ही तो नहीं

अकेली मैं ही तो नहीं जो इतनी उदास है
अकेली मैं ही तो नहीं जिसे रिश्तों की प्यास है
मेरे जैसे और भी दीवाने होंगे
जो अपनों की बेरुख़ी को ना माने होंगे

क्यूँ बार-बार अपना दिल तोड़ कर
फिर उन बेदिलों के पास जाती हूँ
क्यूँ हर बार ठोकर खा कर भी
दिल्लगी का ये सबक़ ना सीख पाती हूँ

ऐसा क्यूँ लगता है कि ये बेरुख़ी के बादल छट जाएँगे
अंधेरे को चीरते हुए सैंकड़ों प्यार के चिराग़ फिर जगमगाएँगे
क्यूँ रिश्तों की तहज़ीब पर मुझे शक नहीं होता
क्यूँ कई बार खुद अपनों पर अपना हक़ नहीं होता

एक पल की शिकन क्यूँ उम्र भर निभायी जाती है
क्यूँ छोटी-सी नाराज़गी शिकायत बन जाती है
कितना अच्छा हो जो शिकवे लिबास बन जाएँ
जब ये लिबास मैला हो तो एहसासों से छन जाये

हक़ीक़त तो यही है
अपनों से बड़ा, क्या ग़लत, क्या सही है
अपना ग़ुरूर ज़्यादा वजन रखता है
बेपनाह लगाव सिर्फ़ तनाव चखता है

ये सब सोच कर मैं फिर यही सोचती हूँ
अकेली मैं ही तो नहीं जो हर बार सोचती हूँ
अकेली मैं ही तो नहीं जो लगातार सोचती हूँ ।।

अब सही थी मैं

ख़ुदा को ढूँढने निकली मैं जब इक रोज़ शिद्दत से
कि रोने और हँसने की वजह सब खो चुकी थी मैं
बड़े दिन से ना नींदें थी, ना ही था चैन इस दिल को
लगता था फिर भी यूँ कि बरसों सो चुकी थी मैं

कभी लगता है जैसे एक क़िस्सा था जो ख़त्म हुआ
ग़नीमत है कि सब इल्ज़ामों से फिर भी बची थी मैं
फिर ले साँस लम्बी चल पड़ी अगली कहानी में
कि अब किरदार है बिल्कुल अलग, लेकिन वही थी मैं

हर बार टूटे दिल, हर बार मिले हैं ज़ख़्म
कभी आँसू, कभी इस दर्द से मैं खेल जाती हूँ
हर रात सोचूँ अब नहीं मैं जाग पाऊँगी
ना होगी सुबह, हर रात बस ये सोचती थी मैं

सुबह की नरम किरणें हर ज़ख़्म को छू-सी जाती हैं
हम चाहें या ना चाहें, उम्मीदें मरहम लगाती हैं
ये कहती हैं सीखो हमसे, खुद से इश्क़ यूँ करना
कि हम ना हों तो सूरज की भी क़ीमत टूट जाती है

बस फिर देख सूरज को दोबारा चल पड़ी थी मैं
किसी चट्टान से लड़ने को अब फिर खड़ी थी मैं
इस बार ना खुद पर शक कोई, ना था कोई शिकवा
ना कुछ ग़लत लग रहा था, कि अब सही थी मैं।।

आज भी याद है मुझे

आज भी याद है मुझे
वो पहली बार जब तुमसे बात हुई
कहीं पहाड़ों पर मेरा दफ़्तर था
सूरज का एक पहाड़ी के पीछे से
वहाँ आना-जाना अक्सर था

पर तुमसे पहले मेरे लिए
इस सूरज का कोई मायने ना था
मानो परछाई थी
पर अक्स के लिए आइना ना था

फिर एक दिन अचानक
तुम ज़िंदगी में आए
और मेरी सुबह रोशन हो गई
वादी कुछ नयी-सी लगती थी
पहाड़ों पर रेंगती सड़कें
मीलों चलते ना थकती थी

अब सब अच्छा लगने लगा
बारिश, सर्दी, हवा, धुंध, ओस
सब महक रहे थे तुम्हारे प्यार में
और मैं
मुस्कुराती रहती थी
तुम्हारे इंतजार में

हमारे बीच फ़ासलों की दूरी थी
तुम समंदर के मुसाफ़िर
और मेरी भी मजबूरी थी
हर दिन मुश्किल लगने लगा
सोचती थी तुम कब आओगे

दरअसल, हम मिले जो नहीं थे
कभी भी नहीं, कहीं भी नहीं
हँसते थे सब मुझपर
कि क्या तस्वीर देख कर भी प्यार होता है
मैं कहती थी होता है
तस्वीर देख कर भी इंतज़ार होता है

कुछ महीने गुज़रे और आख़िर वो दिन आ गया
सुबह उठने की बेचैनी में
सारी रात सोयी ही नहीं
तुमसे मिलने की ख़ुशी में
मैं कुछ पल रोई भी नहीं

शिमला से सोलन का रस्ता
सालों-सा लम्बा लग रहा था
मैं बस के साथ-साथ पहाड़ लाँघती गयी
हर मिनट तुम्हें देखने का समा बाँधती गयी

पहले कौन देख पाएगा
ऐसी हमारी शर्त लगी थी
मैं जीतने के चक्कर में
टाइम से एक घंटा पहले ही खड़ी थी
मन ही मन मुस्कुराती हुई
तुम्हें दूर तक ढूँढ रही थी मैं
पहले मैं ही देखूँगी
यह सोच खुश हुई थी मैं

इतने में तुम्हारा प या
मैंने मोबाइल झ उठाया
तुम कुछ कहते
इससे पहले मैं हँसने लगी
मैं कुछ क
उस से ले ही तुमने कहा
पलट र देखो
तुम शर्त हार चुकी हो
मैं सुबह ही पहुँच गया था
और तुम्हें लगा
तुम बाज़ी मार चुकी हो

आज भी
मुझसे पहले मुझे जानते हो
मेरे हर दुःख-सुख को पहचानते हो
आज भी लोग कहते हैं
कैसे रहते हो तुम इतने दूर
मैं कहती हूँ
तुम संग जीने के लिए
जीने की हर शर्त मंज़ूर ।।

मैं ख़्वाब देखती हूँ

मैं ख़्वाब देखती हूँ
तुझे आफ़ताब देखती हूँ
कहीं दूर क्यूँ जाऊँ
तुझसे निगाहें क्यूँ चुराऊँ
मैं अक्स हूँ तेरा,
तुझे मेरे बग़ैर बेताब देखती हूँ

तू बेक़रार जब दिखे
तो एक सुकून मिलता है
मुझे भी तेरी मोहब्बत का
जुनून मिलता है
ज़रूरी तो नहीं
हर बार मैं ही फ़िदायीन बनूँ
तुझे भी मेरे इश्क़ में आबाद देखती हूँ

कभी हाथ थामे मेरा
कुछ कदम चल कर देखना
मेरे साथ फ़रवरी की
सुहानी धूप भी सेकना
गुलाबों पर ओस जैसे,
वैसे ही मेरी नज़रें तुमपर
मैं गुलाबों के गुलिस्ताँ में तुम्हें शबाब देखती हूँ

ये जो दूरी है
तेरे और मेरे दरमियान
लगता है महीनों का फ़ासला
कुछ मुश्किल, कुछ आसान
मैं साँस लूँ यहाँ
तो दिल वहाँ भी धड़कता है
इन इंतज़ार के लम्हों में
तेरे मिलने की आस देखती हूँ

कभी अपने जहाज़ को
मेरे किनारे ले आना
थोड़ा तूफ़ान कम हो,
कुछ दिन यहीं रुक जाना
मैं रोज़ किनारे पर
तुझसे मिलने आऊँगी
लहरों की ठंडी बौछारों में
तुझ संग खूब बतियाऊँगी
इसी तमन्ना में
मैं लहरें बेहिसाब देखती हूँ

मैं ख़्वाब देखती हूँ
तुझे आफ़ताब देखती हूँ ।।

बड़ी शिद्दत से माँगा था तुम्हें

लगता है बड़ी शिद्दत से माँगा था तुम्हें
तभी ये मोहब्बत
सब रस्मों-रिवाजों से ऊपर उठ गयी
यक़ीन नहीं होता
ख़ुदा बड़ा है या मेरा इश्क़
किसी का होते-होते भी तुम्हें
मुझसे मिलाने में जुट गयी

पहली बार ही हो गई थी मोहब्बत तुमसे
तुम्हारी एक खूबसूरत तस्वीर देख कर
बस फिर क्या था,
दिलो जान से तुम्हें चाहने लगे
हर रात गुफ़्तगू करते थे तुमसे तुम्हारे बग़ैर
तुम सपने चुरा कर मेरी नींदों में आने लगे

वो पहली बार से
आज ग्यारह साल हो गए
तुमसे आज भी कल से ज़्यादा मोहब्बत है
तुम्हारी हर बात में वही जादू है
तुम्हें पाकर आज भी पाने की उतनी ही हसरत है

तुम्हारे चेहरे की मासूमियत
उम्र के साथ बढ़ती जा रही है
थोड़ी-सी सफ़ेदी बालों में, हल्की-सी लकीर गालों में
आज भी आजकल के लड़कों को मात देते हो
चालीस में चालीस दफ़ा हर अदा निखरती जा रही है
तुम्हें देख हर रोज़ मेरा इश्क़ जवान होता है
सुकून है बाहर पर दिल में तूफ़ान होता है
किसी को पता ना लगे ऐसे छिपाए फिरती हूँ
खुद से गुफ़्तगू करती, ना जाने कितने सवालों में घिरती हूँ

देखा
एक बार फिर मेरी शायरी का फ़लसफ़ा टूट गया
जहाँ से शुरू किया था, वो पल कहीं छूट गया
तुम्हारी हर बात मुझे फ़िदा कर जाती है
जब सामने होते हो
ये शायरी भी फीकी पड़ जाती है
मेरा हर लफ़्ज़ आज यह इज़हार करता है
मेरा अक्स मुझसे ज़्यादा तुमसे प्यार करता है
तुम पर एतबार करता है, तुमसे ही प्यार करता है ।।

कोई पूछे जो मेरा नाम

कोई पूछे जो मेरा नाम
मैं तेरा नाम बताती हूँ
नहीं मालूम कुछ अपना
तेरा हर काम बताती हूँ

तेरे आने से जो महके
वो गुलशन है मेरा दिल
हूँ गुलशन की मैं बस माली
तुझे गुलफ़ाम बताती हूँ

मेरा ग़ुरूर हो तुम, और
मेरे दोस्त भी तुम हो
जो रूह को महका दे
वो फ़िरदौस भी तुम हो
कभी वजह मेरे ग़म की
कभी तुमसे मुस्कुराती हूँ
कोई पूछे जो मेरा नाम
मैं तेरा नाम बताती हूँ

होगी कोई ऐसी, जिसे
तुम याद करते हो
इस बात से हर रोज़
मुझे बर्बाद करते हो
फिर भी तुम्हारे इश्क़ में
खुद को गँवाती हूँ
कोई पूछे जो मेरा नाम
मैं तेरा नाम बताती हूँ

अरसा हुआ तुमसे
ये दिल और जां बयां करते
कभी तुम ना मिले दिल के शहर
हम भी तो क्या करते
तुम्हारी आस में उस गली
मैं चक्कर फिर लगाती हूँ
मिले तुमसे जो तोहमत
उन्मूलन मैं भूल जाती हूँ
कोई पूछे जो मेरा नाम
मैं तेरा नाम बताती हूँ
मैं तेरा नाम बताती हूँ ।।

मैं जानती हूँ

मैं जानती हूँ
तुम समंदर के जैसे हो
ना किसी पर ऐतबार, ना ही किसी का इंतज़ार

तुम्हें किनारे की तलाश नहीं
मेरी तरह हसरतों की प्यास नहीं
नफिक्रियत में भी नवाब लगते हो
मेरे हर सवाल का जवाब लगते हो

वो जो सूरज तुम्हारे घर पर रहता है
उससे दोस्ती कर ली है मैंने
सुबह जब वो बाहर निकलेगा
मैं किरण बनकर तुम पर बिखर जाऊँगी
तुम्हें अपने क़रीब पाकर खुद पर इतराऊँगी

मानो बाँहें फैला कर तुम्हें गले लगा लिया हो
तुम्हारे आग़ोश में सब कुछ पा लिया हो
फिर तुम अपनी लहरों से मुझे खूब सहलाना
मैं चमकती-मचलती उन लहरों से बतियाऊँगी

शाम होने पर सूरज मुझे बुलाएगा
तुमसे जुदा होने के ख़्याल से मेरा दिल बैठा जाएगा
क्यूँकि तुम मज़बूत दिलवाले हो, तुम मुझे समझाओगे
शाम की खामोशी में मुझे अपने सीने पर सुलाओगे

मैं फिर भी नहीं मानूँगी, रोऊँगी, बिगड़ूँगी
तुमसे अलग ना होने की ज़िद में तुमसे ही झगड़ूँगी
ऐसे में तुम कुछ ना कर पाओगे
कल फिर मिलने का वादा करके लौट जाओगे

मैं आख़री किरण तक तुम्हें देखते रहूँगी
तुम्हारी हर लहर पर अपनी आँखें सेकती रहूँगी
पर तुम अपना वादा भूल ना जाना
जब फिर सुबह होगी, मेरे समंदर
तुम फिर मुझे अपने करीब बुलाना ।।

दूरियों की मोहब्बत

कुछ अलग अफ़साना है मेरा तुम्हारा
हम आँसुओ के लिबास को हँसी से सीते हैं
दूरियों की मोहब्बत जो किताबों में सजी है
हम दोनों उसे हर रोज़ जीते हैं

ये शायर के बस की बात नहीं
फ़ासलों के जाम, जब तक वो पी के ना देखे
यूँ ही कुछ लफ़्ज़ में वो बयां ना कर पाएगा
तन्हाई के लम्हों को जब तक, वो जी के ना देखे

इस बार होली पर तुम जो नहीं आए
दिवाली पर तुम्हारा इंतज़ार रहेगा
हमारी सालगिरह भी एक फ़ोन कॉल में सिमट कर रह गयी
तुम्हारे किए वादों पर फिर भी ऐतबार रहेगा

इस बार भी सावन बरसेगा
गर्मी जो इतनी पड़ रही है
पर फिर भी जून तुम बिन ही गुज़रेगा
जुलाई भी मुझसे लड़ रही है

अभी कितने महीने बाक़ी हैं
साल के नहीं, हमारी जुदाई के
ये गिनती अब पुरानी हो गयी है
हर बार छाते हैं बादल तन्हाई के

लोगों को हम कारोबारी लगते हैं
प्यार और पैसे के व्यापारी लगते हैं
उन्हें क्या मालूम, हमारी क्या मजबूरी है
ये मोहब्बत असली, और नक़ली ये दूरी है

यक़ीनन फ़साना अलग है हमारा
हमने ये फ़ासले बड़े महंगे जो ख़रीदे हैं
दूरियों की मोहब्बत जो किताबों में सजी है
हाँ, हम दोनों उसे हर रोज़ जीते हैं ।।

तुम जैसा कोई और भी

प्यार का पहला
और आख़री नाम तुम हो
ये सोचती थी मैं
आग़ाज़ तुम
और अंजाम तुम हो
ये मानती थी मैं

पर अब ज़िंदगी में
एक नया मुक़ाम आया है
तुम्हारे संग-संग
किसी दूजे का भी नाम आया है

वो कोई और नहीं
तुम्हारी ही परछाई है
ऐसे ही नहीं हमने
उस से दिल्लगी लगायी है

ये रिश्ता जो तुमसे है
अब और गहरा हो चुका है
तुम पहले सिर्फ दिल में रहते थे
अब साँसों में भी चल रहे हो
तुम मेरी रूह, अब मेरे जिस्म में
एक ख़्वाब बन कर पल रहे हो

मत सोचना
कि प्यार कम हो गया है मेरा
बस तुमसे ही तुम्हीं को बँट गया है
ये दिल दिमाग़
जिस पर तुम ही छाए रहते थे
तुम पर सिमट कर
तुमसे ही हट गया है

अब भी सुबह और शाम
तुम्हारे नाम होती है
पर इनमें तुम संग
दो और नन्ही जान होती है
कोई महफ़िल ऐसी नहीं
जहाँ ज़िक्र तुम्हारा नहीं होता
ग़र तुम ना होते हमारे
कोई और हमारा नहीं होता ।।

सुनो! कुछ बात करनी थी

सुनो कुछ बात करनी थी
ज़रा नाराज़ ना होना
तुम्हारे साथ करनी थी
थोड़ा-सा ध्यान तो दो ना

ये जो तुम सुबह होते ही
बेसब्र से हो जाते हो
मैं सोचूँ मुझमें ऐसा क्या
पर ये क्या
तुम तो अख़बार को चाहते हो

ना चाय का माँगो कप
ना शौक बात करने का
बस सोफ़े का कोना पकड़
तुम्हें बस शौक पढ़ने का

मैं कब गुजरती हूँ
तुम्हारे सामने से ये
ना जानो तुम, ना चाहो तुम

कभी कुछ पूछने पर
या कभी जो काम कह दूँ तो
बस अकड़ना और बिगड़ना ही जानो तुम

दुनिया की खबर लेने को जो
औंधे मुँह तुम होते हो
नज़रें टिका कागज़ पर
चेहरा तकिए में डुबोते हो

कभी हाल मेरा भी पूछ कर
ज़रा एहसान कर दो ना
ये जो अख़बार पढ़ते हो
थोड़ा मुझे भी पढ़ लो ना
कि यह अख़बार तो तारीख
के संग रोज़ बदलती है
ये मुझ जैसी ना वफ़ादार
जो ताउम्र साथ चलती है

इतनी बार कहने पर
मेरे नाराज़ रहने पर
तुम हो कि मानते नहीं
मुझे पहचानते नहीं

अब भी वक़्त है
मुझे अपना वक़्त तो दो ना
सुनो कुछ बात करनी थी
ज़रा नाराज़ ना होना
तुम्हारे साथ करनी थी
थोड़ा-सा ध्यान तो दो ना ।।

तुम नहीं समझोगे

कल रात एक बुरा सपना देखा
नींद खुली तो क़रीबन दो बजे थे
डरे हुए दिल को सम्भाल
चादर को अपनी बग़ल से निकाल
फिर सोने की कोशिश करने लगी
पर उस सपने को सोच कर अकेले ही डरने लगी

काश तुम मेरे पास होते
शायद सपना आता ही नहीं
आ भी जाता तो
शायद डराता ही नहीं
ये तो कई बार हो चुका है
पर जाने दो
तुम नहीं समझोगे

कुछ दिन पहले
किसी के घर पर खाना था
मुझे ऑफ़िस के बाद
टाइम से घर जाना था

घर पर सब तैयार बैठे थे
कार की फ़्रंट सीट पर पापा
शीशे में बालों को संवार रहे थे
पीछे माँ और हमारी बेटियाँ
मुस्कुराते हुए मुझे निहार रहे थे
सब ख़ुश थे

मैं जल्दी जो आ गयी थी
पर मेरी आँखों के काजल में
उदासी चुपचाप समा गयी थी
सीटबेल्ट लगाते हुए ये सोच रही थी
काश तुम भी यहाँ होते
तो गाड़ी मैं ना चलाती
तुम संग बैठ, खूब बतियाती
तुम अपनी पसंद के गाने चलाते
मैं कहती, वॉल्यूम जरा कम कर दो
तो तुम थोड़े से चिढ़ जाते

जी चाहता है तुम्हारे साथ
एक लम्बी ड्राइव पर अकेले जाऊँ
हर एक प्यार का लम्हा हर पल चुराऊँ
पर जाने दो
तुम नहीं समझोगे

ऑफ़िस में कुछ ज़्यादा ही काम है
घर आकर भी थकान रहती है
बच्चों के सामने कुछ कह नहीं सकती
वो छोटे हैं
अभी तुम्हें आने में भी दो महीने बाक़ी हैं
पर सच मानो तुम संग
फ़ोन पर बिताए दो मिनट ही
मेरे लिए काफ़ी हैं
ये सब बयान करने पर
अपने आंसुओ को रोक
थोड़ा सा झूठ-मूठ का लड़ने पर
जानती हूँ तुम तो बस हँस दोगे
तो फिर जाने दो
तुम नहीं समझोगे

समंदर की लहरों के साथ
दिल लगा लिया है तुमने
अपने जहाज़ को अपना
घर बना लिया है तुमने
जानती हूँ
तुम यही कहोगे कि, मैं क्या जानूँ
तुम्हारे हाल और हालात को, मैं क्या पहचानूँ
समझती हूँ मैं सब, चूँकि फ़िक्र करती हूँ तुम्हारी

हर दिन तुम्हें याद करते
कितनी रातें हैं मैंने गुज़ारी
तुम वहाँ अकेले
मैं तो यहाँ सब के साथ रहती हूँ
फिर भी तुम्हें ही
हमेशा तंगदिल कहती हूँ
इन छोटी-छोटी नाराज़गियों में
मेरे प्यार का सच्चा वादा है
तुमसे मोहब्बत की इस जंग में
मेरे हथियार कहीं ज़्यादा हैं
अब तुम कहोगे कि
तुम कुछ भी कर लो
मेरे शिकवे कभी कम ना होंगे

तभी तो, कहा ना, जाने दो
तुम नहीं समझोगे ।।

बचपन की यादें

बचपन की यादें बड़ी प्यारी होती हैं
इनमें आमों की मिठास
कच्ची इमली की खटास
कंचों की झनझनाहट
छत पर बिल्ली के चलने की आहट
लुक्का-छिपी की दीवारें होती हैं
बचपन की यादें बड़ी प्यारी होती हैं

नई क्लास में नया बस्ता
किताबों की महक से सना होता था
कुछ पन्ने जुड़े होते थे
उनके नयेपन पर पेन चलाना मना होता था
पेंसिल की नोक
इरेजर की घिसाई
साफ़ नोटबुक पर सुंदर लिखाई
क्लासरूम की खिड़कियाँ
ब्लैकबॉर्ड की सफ़ेद धूल
और टीचर की फटकारें होती हैं
बचपन की यादें बड़ी प्यारी होती हैं

कैसे झूलों से लटक पटक कर
घुटने छिल जाते थे
किसी टीचर के छुट्टी पर होने से
सब के चेहरे खिल जाते थे
सर्प्राइज़ टेस्ट से धड़कन रुक-सी जाती थी
सारी शरारतें सख़्त टीचर के आगे छुप-सी जाती थीं
सिलेबस की घबराहट
याद करने की छटपटाहट
इन सब के बीच
अधपकी सी तैयारी होती है
बचपन की यादें बड़ी प्यारी होती हैं

अप्रैल-मई में स्कूल की असेम्ब्ली
अब भी याद आती है
जब धूप आँखों में चुभती थी
पी-टी जो कभी ना रुकती थी
इन सब के बीच
भारी आँखों को मींच
गयी रात हुई पार्टी की नींद
झपकी ले जाती थी
डेली न्यूज़, प्रिन्सिपल के व्यूज़
नींद लेते देख टीचर 'पटैक' से थपकी दे जाती थी

कलमों से पसीना
जूते में फँसा कंकर
सावधान-विश्राम के साथ
उबासी भरी खुमारी होती है
बचपन की यादें बड़ी प्यारी होती हैं
बचपन की यादें बड़ी प्यारी होती हैं ।।

दादाजी की चिट्ठी

वो भी एक ज़माना था
जब काफ़ी सुकून मिलता था
कभी सर्द जनवरी
तो कभी तिलमिलाता जून मिलता था
हर बार गर्मी की छुट्टियों की राह ताकते थे
दोस्तों से लगायी रेस में हम मीलों भागते थे
झगड़ा होता था
कि दीवार किसने नहीं छुई
माँ पुकारती थी घर को
पर हम कहते थे
अभी रात नहीं हुई
तीले वाली कुल्फ़ी
जामुन भरी कटोरी
कभी मिलते थे पचास पैसे
और सच मानो कभी करते थे चोरी
नई क्लास की डायरी में
सीधा मई का पन्ना खुलता था

हर दिन
बस छुट्टियों के
शुरू होने की ख़ुशी में ढलता था

दादाजी की चिट्ठी
ठीक अप्रैल में आती थी
कब आओगे मिलने
बस यही पूछे जाती थी
हल्के मिट्टी के रंग का वो पोस्टकार्ड
लेटर बॉक्स के एक कोने से चिपका होता था
दादाजी की लिखाई
मैं दूर से ही पहचानती थी
अंग्रेज़ी में लिखा हर लफ़्ज़
उनके जज़्बात पिरोता था

लिखते थे
कमल! तुम दोनों और बच्चे कब आओगे
लिखना
कि ट्रेन की टिकट कब करवाओगे
पापा शाम को जब घर आते थे
चिट्ठी पढ़ते ही झट से फ़ोन लगाते थे
कहते

डैडी! अब कौन चिट्ठी लिखता है
आप फ़ोन किया करो
मैं अभी बता नहीं सकता कि कब आऊँगा
थोड़ा इत्मिनान लिया करो

यह सुन दादाजी बस एक ही बात कहते थे
बेटे! मेरी चिट्ठी मेरी आदत है
पोस्ट ऑफ़िस में पोस्ट मास्टर जो था
मैं फ़ोन पर बातें कर नहीं पाता
तुम बस जवाब लिख दिया करो

पापा कभी लिखते थे, कभी नहीं
बस ऐसे ही चिट्ठी की आदत हमेशा के लिए छूट गयी
दादाजी अब नहीं रहे
और ना ही वो पोस्टकार्ड
अब तो गर्मी की छुट्टियों
के आने की ख़ुशी भी मानो रूठ गयी

कल पोस्ट ऑफ़िस एक स्पीड पोस्ट करवाने गई
अचानक नज़र एक टेबल और दीवार के बीच सटे
पोस्टकार्ड पर पड़ी
अब भी मानो दादाजी का इंतज़ार करता हुआ

अपने कोरेपन और स्याही की खामोशी से डरता हुआ
चुपचाप अकेला पड़ा हुआ
जाने कब दादा जी आएंगे
और अपने संग खुशी-खुशी ले जाएंगे ।।

दादाजी की यादों का संदूक

आँखों में चमक चेहरे पर लिए तेज
अपनी गली से जब वो जाते थे
छोटे-बड़े-बूढ़े-जवान
उन्हें कैप्टन साहब बुलाते थे

चाल में फुर्ती और आवाज़ में ज़ोर
अपने परिवार की ढाल
मानो पतंग की डोर
सादगी उनका दूसरा नाम था
अपनों को सुख देना उनका काम था

मैं छोटा-सा था जब उनकी उँगली पकड़
गाँवों की गलियों में चक्कर लगाता था
जब वो किसी को सलाम करें
तो इतरा कर मैं भी हाथ हिलाता था

हर बार छुट्टियों में
दादाजी के पास जाने की पड़ी होती थी
आँगन में उनके
मेरी प्यारी-सी गाय 'बूशि' जो खड़ी होती थी
बस से उतरते ही
घर तक एक टहनी तलाशता था मैं
'बुशि' आगे-आगे
और पीछे-पीछे नाचता था मैं

शाम होते ही दादा जी चूरी बनाते थे
बारी-बारी से हम सब बच्चों को खिलाते थे
गाँव के घर में सब छत पर ही सोते थे
हम दादाजी की कहानियाँ सुनते
उनके पास ही तो होते थे

फिर एक दिन
वो शहर चले आए
अब मैं दादाजी का दोस्त बन गया
उनके साथ हर शाम मैं घूमने निकलता था
एक लड़की थी
जिस पर मेरा दिल फिसलता था

जाने कैसे पर वो सब जानते थे
उसकी गली, उसका घर तक पहचानते थे
कभी-कभी पूछते थे उसके बारे में
और फिर मुस्करा देते थे इशारे में

एक दिन
वो अचानक ही चले गए
मेरे दोस्त मेरे हमराज़ थे वो
सबके लिए कैप्टन साहब
मेरे लिए शाहनवाज़ थे वो

आज भी उनकी यादें मुझे सहसा ही कर देती हैं मूक
मेरे पास बस रह गया मेरे दादाजी की यादों का संदूक ।।

जहाज़ी

ऐसा दिलकश नज़ारा नहीं देखा
चारों तरफ़ समंदर
किनारा नहीं देखा
यहाँ हर रोज़
बस लहरों से बातें होती हैं
अकेली सुबह
और ख़ामोश रातें होती हैं

घर से दूर ज़मीन से परे
यादों के सहारे
यादों से ही लड़ें
आँखों के किनारे
एक और समंदर बसता है
दिल में तूफ़ान लिए
बाहर से ये जहाज़ी हँसता है

नमकीन पानी पहले ही यहाँ ज़्यादा है
दो आँसू बह गए तो कुछ फ़र्क़ ना होगा
ये लहरें, ये सन्नाटा कब से चीर रही हैं
पर समंदर के सीने में दर्द ना होगा

हफ़्ता एक दिन की तरह बिताता हूँ
घर पर बात करने के लिए
कई बार दिनों तरस जाता हूँ
वो किलकारियाँ
वो छन-छन करती पायलें
मेरी परियाँ मुझे रोज़ याद करती होंगी
पापा कब घर आएँगे
यही सवाल पूछती
हर बात करती होंगी

दिल का एक कोना रेगिस्तान है
चारों तरफ़ पानी
पर वहाँ सूखा है
हर बार जिसकी आँखों में इंतज़ार रहता है
यह जहाज़ी भी उसी के दीदार का भूखा है
वो कभी गुमसुम
तो कभी खिलखिलाती है
सबसे अपने दिल का गहरा दर्द छुपाती है
कितनी रातें जाग कर गुज़ार दीं उसने
पर जब भी हाल पूछो
खूब मुस्कुराती है

जानता हूँ
उसके प्यार का पूरा हक़ अदा नहीं कर सकता
चाह कर भी चाहत बयां नहीं कर सकता
फिर भी उसकी आवाज़ धड़कन को मेरी चलाती है
इस जहाज़ी को यह जुदाई बहुत रुलाती है

कोई कुछ भी कहे पर हर बार दर्द उतना ही होता है
घर से निकलते ही घर के और पास होने का एहसास होता है

कुछ ख़बर नहीं दुनिया कब जागती या सोती
समंदर के सीप में ये जहाज़ी महज़ एक मोती है ।।

हाँ मुझे ज़िंदगी कहते हैं

जीने की तमन्ना साथ लिए
हर रोज़ सफ़र पर चलती हूँ
कभी लोग नए मिल जाते हैं
कभी यादों में मैं ढलती हूँ

मेरे पैरों में थिरकन-सी है
एक ताल नयी बजती ऐसे
एक नया राग सुन सकती हूँ
कोई ढूँढ रहा मुझको जैसे

जिस ओर मेरा रुख़ होता है
ख़ुशियाँ वहीं पर रहती हैं
हाथों में मेरा हाथ लिए
मेरी दोस्त बनो, ये कहती हैं

कुछ अलग कहानी है मेरी
मुझे मिल पाना आसान कहाँ
मैं साँसों-सी संग जीती हूँ
जहाँ उम्मीद खिले, मैं हूँ वहाँ

तुम संग मेरे जो चल पाओ
देखोगे रंग धनक के सब
हर दिन सूरज भी निकलेगा
चाँदनी होंगी रातें तब होगी चाँद से बातें

मैं हासिल हूँ
बीते कल का
मैं बीते पल
की पलछिन हूँ
मुझमें है आने वाला कल
मैं मुश्किल हूँ, पर मुमकिन हूँ

मैं आने वाले कल में हूँ
मैं ख़ुशियों के हर पल में हूँ
तुम जो पल जीना भूल गये
उस पल के आजकल में हूँ

मैं शिकवों में
मैं क़िस्सों में
मैं कुदरत के सब हिस्सों में
ये प्यार मोहब्बत नफ़रत भी
मुझमें ही तो रहते हैं
मुझे रोज़ ढूँढता हर कोई
हाँ मुझे ज़िंदगी कहते हैं
हाँ मुझे ज़िंदगी कहते हैं ।।

वक़्त को भी वक़्त चाहिए

वक़्त को भी वक़्त चाहिए
किसी गहरे घाव को भरने का
किसी पुराने दर्द से उभरने का
ऐसे ही वक़्त से फ़रियाद नहीं करते
वक़्त का वक़्त बर्बाद नहीं करते

किसी बिछड़े को मिलाने का
किसी रूठे को मनाने का
कभी अपनों को याद करने का
तो कभी किसी को भूल जाने का

वक़्त से माँगा था वक़्त तुमने तब
अब उस पर देरी होने के इल्ज़ामात नहीं करते
वक़्त को भी वक़्त चाहिए
वक़्त का वक़्त बर्बाद नहीं करते

जब सही लगा तब कद्र की
जब लगा ग़लत तो लगाई तोहमत
अपने हालात के हिसाब से चलते रहे तुम
वक़्त को ना समझे, ना समझी उसकी कुदरत
क्या हुआ, कैसे हुआ और हुआ क्यूँ
हर बार इन बातों की तहक़ीक़ात नहीं करते
वक़्त को भी वक़्त चाहिए
वक़्त का वक़्त बर्बाद नहीं करते ।।

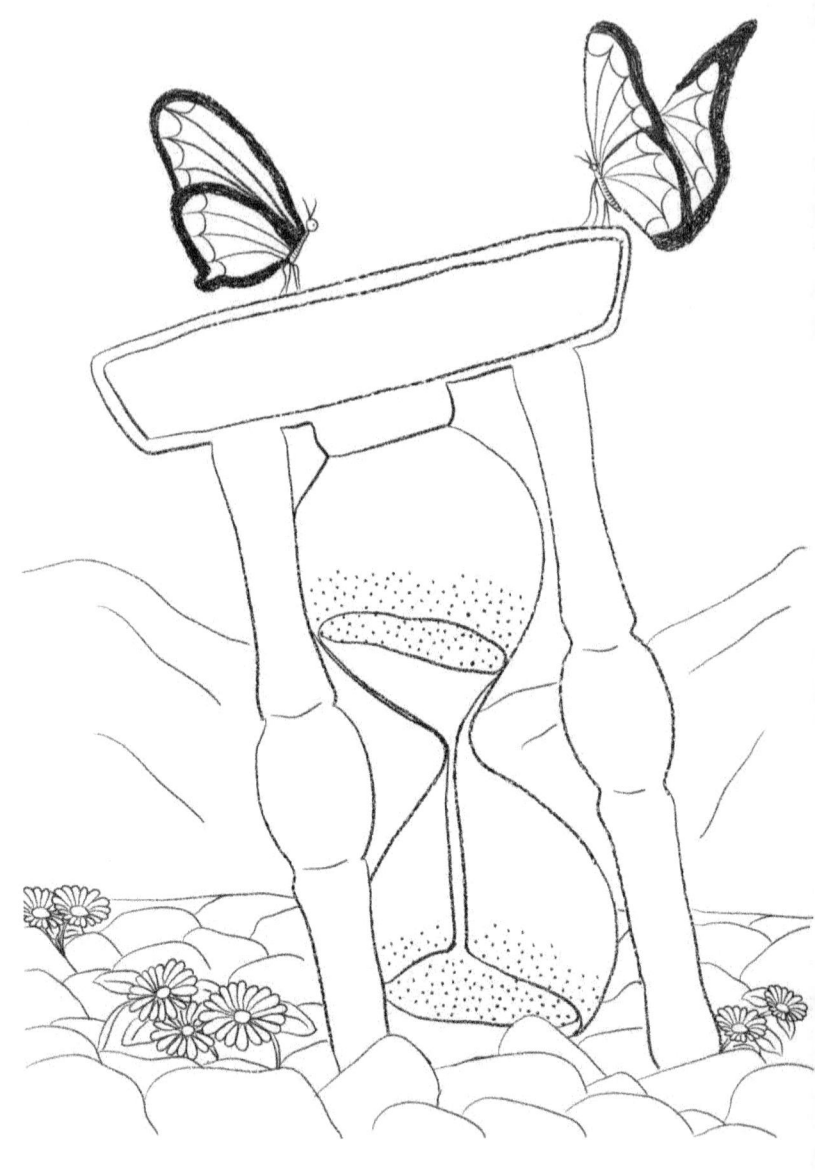

वक़्त का तक़ाज़ा

वक़्त का तक़ाज़ा ये बताता है
ज़ख़्म गहरा हो चाहे कितना भी
वक़्त के साथ भर ही जाता है

हम बेवजह ख़ौफ़ में साँस लेते हैं
कुछ फ़िज़ूल की गमगीनियों को
अपना क़ीमती वक़्त देते हैं
पल-पल गुज़रता हुआ वक़्त
हर ग़म को दफ़नाता है
ज़ख़्म गहरा हो चाहे कितना भी
वक़्त के साथ भर ही जाता है

बिस्तर पर औंधे मुँह
तो कभी कलाई माथे पर रख कर
कभी-कभी तो कोशिश करते हैं
तकिए से चेहरा ढक कर
पर्दे के हर धागे की लम्बाई को नापते हुए
कभी दीवारों पर खिड़की से सटे
पेड़ की परछाई से कांपते हुए
हर गुज़रता मिनट
घण्टों-सा भारी हो जाता है

लेकिन

ज़ख़्म गहरा हो चाहे कितना भी
वक़्त के साथ भर ही जाता है ।।

जाना क्षितिज के पार है

सूरज की वो पहली किरण
रोशन करे धरती गगन
हर बार वो भी सोचती
चाहे वो एक नया मिलन
धरती नयी, नया गगन
फिर सोचते बैठे हो क्या
आओ बढ़ें, मिल कर चलें
जाना क्षितिज के पार है
जाना क्षितिज के पार है

नौका को सागर में कभी
मिलती है दर-दर ठोकरें
माँझी ना हो निर्बल कभी
हर बार उठती जब लहर
वो काटता और बाँटता
सागर का हर एक वार है
मन में उसके यही लगन
जाना क्षितिज के पार है
जाना क्षितिज के पार है

जब बाँधना कल-कल नदी में
एक ऊँचा बाँध हो
तूफ़ान से लड़कर खड़े
तुम बाँध पर से देखना
ऊँचाइयों से डूबती
गहराइयों में बूँद जब
बिजली की एक लहर से
काँपने को वो तैयार है
उसके भी मन में बस ये धुन
जाना क्षितिज के पार है
जाना क्षितिज के पार है

बैठे किसी कदम्ब की
एक ऊँची डाल पर
सोचे वो लम्बी साँस ले
चले नई उड़ान पर
फिर देख कर नीचे धरा
थोड़ा निडर, थोड़ा डरा
वो फड़फड़ाए पंख है
अम्बर को देख दंग है
उस पंछी के मन की चाह कि
जाना क्षितिज के पार है
जाना क्षितिज के पार है ।।

ख़ामोशी

मेरी बातों से ख़ामोशी की अहमियत ज़्यादा है
ये शिकवे शिकायत जो नहीं करती
मैं तो बेधड़क अपने दिल का हाल खोलती हूँ
ये ऐसी रिवायत जो नहीं करती

खामोशी दरअसल इत्मिनान ढूँढती है
कोई ऐसा जिसे कोई जल्दबाज़ी ना हो
खामोशी ऐसा मक़ान ढूँढती है
ये मुझमें कहाँ घर बसाएगी
मेरी झुँझलाहट
इसकी खामोशी मार जाएगी

इसका अपना ही रुतबा है
दुनिया के शोरोगुल में यह बेशक़ीमती शै है
इसकी आहट, जैसे रफ़्तार में रुकावट
पर इसकी मौजूदगी की भी अपनी एक लय है

ये हर किसी की दोस्त भी नहीं
ना ही हर कोई इसका दावेदार है
खामोशी अपनी वसीयत
किसी के नाम नहीं करती
ना इसकी जायदाद का कोई हिस्सेदार है

खामोशी मेरी हो ही नहीं सकती
मैं इसके चुनिंदा ख़ुशनसीबों में कहाँ
मुझ जैसों से तो ये दामन छुड़ाती है
कद्रदान और भी इसके हैं यहाँ ।।

एक कदम और

एक कदम और
थोड़ा रास्ता ही तो बचा है
मंज़िल अब दूर कहाँ
देखो कैसे रोशनियों से सजा है

एक कदम और
फिर आराम कर लेना
जो अधूरा रह गया था
उस आसमान की उड़ान भर लेना

एक कदम और
उसके बाद कुछ ऊँघ सकते हो
अभी तो नींद से जागे थे
अभी कैसे सो सकते हो

एक कदम और
फिर थोड़ी प्यास बुझा लेना
राह में कुआँ भी मिलेगा
उसके पास ही बिस्तर टिका लेना

एक कदम और
देखो रात होने वाली है
अंधेरे में कहाँ जाओगे
सुबह की पहली किरण
देखते ही कारवाँ आगे बढ़ाओगे

एक कदम और
इतनी दूरी तय कर चुके हो
जिस ख्वाहिश में सफ़र शुरू किया तुमने
उसमें अपनी मेहनत के रंग भर चुके हो

कितने कदम चल कर
मंज़िल अब तुम्हें मुबारक हो
अपनी क़िस्मत खुद बनायी तुमने
तुम कामयाबी के अधिकारक हो ।।

तेरे लिए

तेरे लिए साँसें चलें,
तेरे लिए जियूँगी मैं
जो आए मुश्किल कोई तुझे
तो ढाल बन सहूँगी मैं

तू देख ज़माने के उजाले
अंधेरे ना कभी मिलें
चिराग़-ए-इश्क़ जलते रहेंगे
तू जिस भी राह पर चले

तेरे दिल का एक छोटा-सा टुकड़ा
महफ़ूज़ मेरे पास है
मैं जानती हूँ कि हर घड़ी
उसे देखने की तुझे आस है

नाज़ों से है वो पल रही
लगती है नन्हीं इक परी
तुझसी ही है, तेरी ही है
मैं तो बस हूँ इक कड़ी

इक छोर तेरे पास है
दूजे पे खुद खड़ी हूँ मैं
तेरे पास आने के लिए
हर बार सब से लड़ी हूँ मैं

तेरे प्यार में क्या मिला मुझे
ये तू क्या जान पाएगा
इस इश्क़ के तूफ़ान में
मुझे इक दिन....
किनारा मिल जाएगा ।।

विनती

शुक्रिया करती हूँ तेरा
दिया मुझे इस तन का घर
माँ तुझे पुकारती हूँ
मैं अजन्मी तेरे भीतर

माँ आज मुझसे कुछ बात कर ले
सुन मेरे दिल की ये व्यथा
विनती करे तुझसे ये बेटी
दिखा मुझे सुंदर धरा

ना डर जहां से, ना डर सगां से
मैं तेरा ही प्रतिबिंब हूँ
तुझसी दिखूँगी, तुझसी बनूँगी
सच मान मैं वचनबद्ध हूँ

चलती थी तू कितना संभल
कहीं हो ना जाए कुछ मुझे
क्यूँ ले रही अब तू चुभन
क्या दर्द ना होता मुझे

बचा मुझे उस हैवान से
जो आ रहा है नोंचने
रिश्ता जो तुझसे है मेरा
जुटा उसे खरोंचने

मैं दर्द में हूँ
ना कोई सुने मेरे दिल के जो जज़्बात हैं
सुन दस्तक अपनी कोख की
बस नौ महीने की बात है

करूँगी ना तुझसे गिला
तू दे ना दे मुझे वो प्यार
मेरी एक अर्ज़ी मान ले
चाहे मान ले मुझ पर उधार

वादा रहा ये क़र्ज़ तेरा
हर हाल में चुकाऊँगी
तेरा एक फ़र्ज़ मेरे लिए
मैं जीवन भर ना भूल पाऊँगी ।।

बावरा मन

मन चाहे तो बन जाए पतंग
घूम ले ये सारा जहां
फिर चाहे तो बैठ संभल
जैसे इस में ही बसी दुनिया

कभी चाहे ये, तो रो भी दे
दर्द अंदर का खुद धो भी दे
पर जब चाहे ये तड़पना,
तो ना चाहकर, पलकें भिगो भी दे

मन करता है कि इस मन से पूछूँ
तेरा ईमान है कि है नहीं?
कभी एक ओर, कभी हर छोर
कोई एक बसेरा रखता नहीं

ये क्या जाने
क्या बीते मुझ पर
इसे तो बस मचलना है
जहां ना सही, वहाँ हाँ करे
इसे कहाँ संभलना है

गलती करे, ये जब करे
अपने ही मन की बस करे
गलती करे, तो ये करे
पर माफ़ी हम से ही भरे

कह दो इसे जाए कहीं
किसी का मन बहलाए कहीं
यहाँ बहुत से काम हैं
रातों की नींद हराम हैं

हम इस जैसे आवारा कहाँ
जो चल पड़ें हर रोज़ यूँ
हम सुलझे हुए, ये नासमझ
तो दे इसे इतनी तवज्जो क्यूँ

जाए जहाँ सब ऐसे हों
कुछ पागल इसके जैसे हों
यहाँ तो सब समझदार हैं
एक दौड़ में शुमार हैं

और दौड़ जो ख़त्म होती नहीं
मंज़िल को जो पाती नहीं
पर ये उलफत-ए-मंज़िल है कहीं बेहतर
ये मन की बातों में आती नहीं ।।

शिकरा

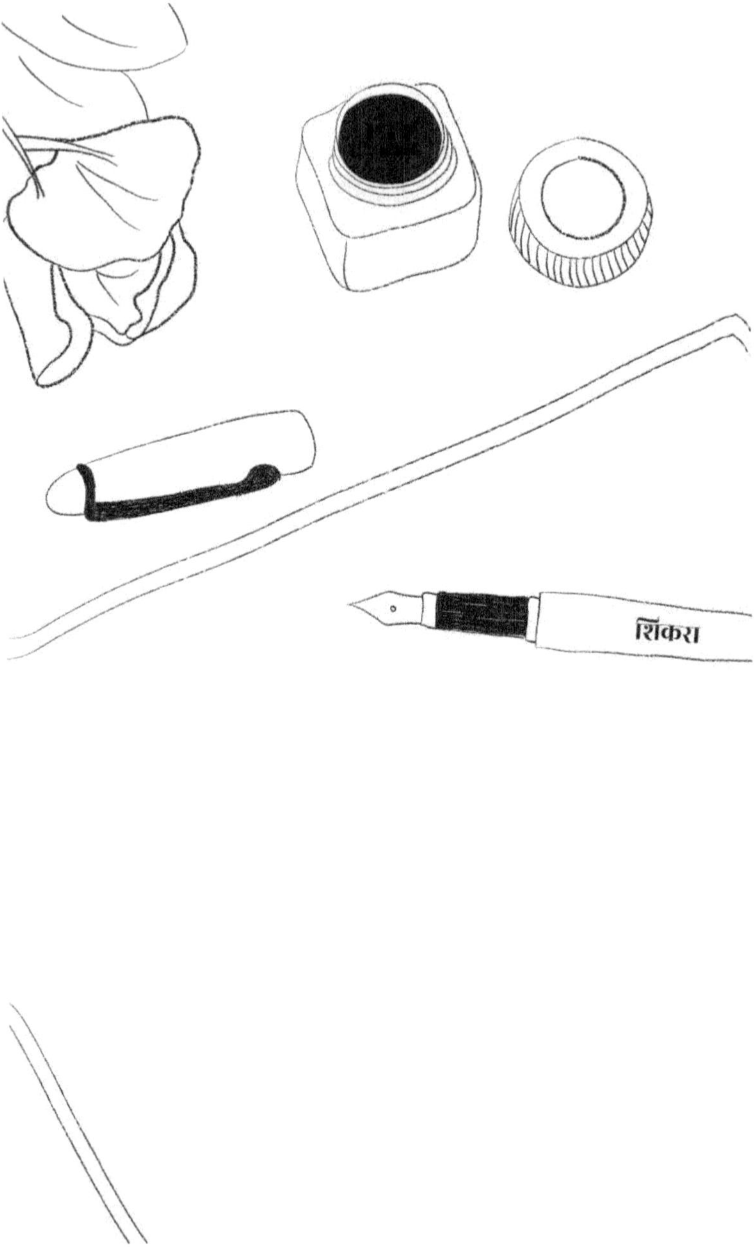

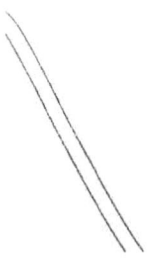

मुझे कवि न कहो

मुझे कवि न कहो
मैं तो बस लिखता हूँ
सड़कों के किनारों पर
सीली सी दीवारों पर
रंगे पन्नों की ख़ुशबू लेकर
मैं सरे आम बिकता हूँ

मुझे कवि न कहो
मैं तो बस लिखता हूँ
हर उस ख़्वाब को
उसे जीते आफ़ताब को
भूली मोहब्बत की बिसरी यादों-सा
मैं भीगी पलकों में दिखता हूँ

मुझे कवि न कहो
बड़ी रुसवाई होती है
लोग देखते हैं हैरत से
जहां भी महफिल लगाई होती है
महफ़िलों में मुलाकातों से कभी-कभी छिपता हूँ
कहकशों और तालियों के बीच
मैं कहाँ दिखता हूँ

मुझे कवि न कहो
मैं तो बस लिखता हूँ
मुझे कवि न कहो
मैं तो बस लिखता हूँ ।।

भारत

यह भारत देश जो है तेरा
सच मान उतना ही है मेरा

क्या हुआ अगर मैं ना जाऊँ
मंदिर-मस्जिद या गुरुद्वारा
तू दीप ख़ुशी के जला देना
हो चारों ओर फिर उजियारा

मैं उन उजियारी गलियों में
तब दौड़-दौड़ कर जाऊँगा
जो मिला कोई भूखा-प्यासा
रोटी प्यार से खिलाऊँगा

तू जाना अपनी मस्ज़िद में
दो कलमे ख़ुदा की पढ़ लेना
मैं उसी गली फिर निकलूँगा
थोड़ी किताब-कलम पकड़ लेना

मिल कर ढूँढेंगे गली-गली
प्यारे-प्यारे से बच्चों को
मस्जिद के पीछे जो आँगन है
तुम स्कूल वहीं बनवा देना

ग़र तुम जाते हो गुरुद्वारे
सर्दी की ठंडी सुबह में
तो चलूँगा संग मैं भी
कुछ कम्बल-स्वेटर ले हाथों में

कोई मिल गया बेघर हमें
साथ उसे ले जाएँगे
गुरुद्वारे में जो है रैन बसेरा
वहाँ उसे रुकवाएँगे

सच खूब जमेगी हम दोनों की
मृदंग संग जैसे बजे सितार
हम मिल सींचे एक नया भारत
जिसकी हवा में बहे भरपूर प्यार

जय भारत जय भारती ।।

मैं तहे दिल से शुक्रगुज़ार हूँ शुभांगी और हर्षिता का, जिन्होंने 'अनकही' को अपनी कल्पनाओं और स्केचेज़ के ज़रिए एक खूबसूरत पहचान दी।

Printed by BoD™ in Norderstedt, Germany

9 789356 285774